Bibliografische Information der Deutschen Nationalbibliothek:

Die Deutsche Bibliothek verzeichnet diese Publikation in der Deutschen Nationalbibliografie; detaillierte bibliografische Daten sind im Internet über http://dnb.d-nb.de/ abrufbar.

Impressum:

Copyright © 2019 GRIN Verlag
Druck und Bindung: Books on Demand GmbH, Norderstedt Germany
ISBN: 9783668944480

Dieses Buch bei GRIN:

https://www.grin.com/document/468932

Hasbiye Akpinar

Digitalisierungsprojekte. Wie können Methoden des Risikomanagements eingesetzt werden?

GRIN Verlag

Projektarbeit

im Studiengang Wirtschaftsinformatik PLUS Lehramt

an der Hochschule Ravensburg-Weingarten

Einsatz von Methoden des Risikomanagements zur Unterstützung von Digitalisierungsprojekten

Verfasser: Hasbiye Akpinar

Inhalt

I. Abkürzungsverzeichnis

Bzw.	beziehungsweise
Etc.	et cetera
Sog.	sogenannte
B2C	Business to Consumer
B2B	Business to Business
RIM	Risiko-Identifikations-Matrix
SWOT	Strengths, Weaknesses, Opportunities, Threats
Vgl.	Vergleich

II. Abbildungsverzeichnis

III. Tabellenverzeichnis

1. Einleitung

Digitalisierung ist heutzutage ein großes Thema. Mehrere Faktoren spielen hier eine Rolle. Die anhaltende Globalisierung und die Ausweitung von Internet und elektronischen, portablen Geräten ermöglichen eine Anwendung beider Komponenten zu jeder Zeit an fast jedem Ort. Die sogenannte Generation Y, die Ende des letzten Jahrhunderts geboren wurde, ist Technik- und internetaffin, da das Aufwachsen und die Entwicklung Hand in Hand von statten gingen. Diese Generation ist im Moment diejenige, die die meiste Wirtschaftlichkeit und Arbeitskraft in Deutschland einbringt.

Die „digitale Transformation", also das konsequente Umstellen von zuvor manuellen, analogen oder nur unzureichend digital gestützten Prozessen ist eine unternehmerische Herausforderung, welche sämtliche Branchen und Geschäftsbereiche ebenso erfasst, wie interne und externe unternehmerische Prozesse.
Eine Umstellung dieser Prozesse auf digitale Techniken ist jedoch nicht frei von Gefahren und Herausforderungen für die Unternehmen, so dass ein begleitendes Risikomanagement in Digitalisierungsprojekten notwendig ist, um ein Scheitern eben dieser Projekte und somit finanzielle Einbußen aus betriebswirtschaftlicher Sicht zu verhindern. Somit ist Risikomanagement ein sehr wichtiger Beitrag der Unternehmen. Denn je früher Risiken im Unternehmen erkannt werden, desto schneller kann man sie mit den entsprechenden Maßnahmen regulieren.

1.1. Zielsetzung und Aufbau der Arbeit

Das Ziel der vorliegenden Projektarbeit ist es, zu analysieren, welche Methoden und Instrumente des Risikomanagments für die Risiken der Digitalisierungsprojekte eingesetzt werden sollen.

Um genau dieses Ziel erreichen zu können werden zunächst in Kapitel 2 die spezifischen Eigenschaften von Digitalisierungsprojekten dargestellt. Im Anschluss wird auf das Risikomanagement, seine methodischen Ansätze und konkreten Instrumente eingegangen (Kapitel 3), bevor im Anschluss die Eignung ausgewählter Methoden des Risikomanagements für Digitalisierungsprojekte untersucht wird (Kapitel 4). Die Arbeit endet mit einer Zusammenfassung der gewonnenen Erkenntnisse (Kapitel 5).

2. Spezifische Besonderheiten von Digitalisierungsprojekten

2.1. Charakteristik und Typologie von Digitalisierungsprojekten

Die Bezeichnung „Digitalisierung“ wird in sämtlichen Gesellschaftsbereichen selbstverständlich und vielschichtig genutzt. So ist auf der privaten Ebene die Nutzung digitaler Techniken ebenso selbstverständlich, wie auf unternehmerischer Ebene in allen Bereichen des Gewerbes und der Produktion. Auch im Bereich unternehmerischer oder organisationaler Dienstleistungen ist der Einsatz von digitaler Technik obligatorisch. Dennoch existieren in den oben genannten, unternehmerischen und organisationalen Bereichen häufig nur unzureichend digital gestützte Prozesse.

Die Umstellung dieser Prozesse auf digitale Techniken wird allgemeinhin als „Digitalisierung“ beschrieben. Dies ist wissenschaftlich jedoch unscharf, da Digitalisierung eine sehr breit gefächerte Bedeutung besitzt. Exakter ausgedrückt ist im Verständnis der vorliegenden Arbeit die Digitalisierung als „digitale Transformation“ von Prozessen in Unternehmen zu verstehen. Nachfolgend wird die Charakteristik und Typologie von Digitalisierungsprojekten im unternehmerischen Kontext verständnisschaffend beschrieben.

Inhaltlich-begriffliche Definition

Neben der Bezeichnung „Digitale Transformation“ werden auch die Begriffe „Digitaler Wandel“ oder „Digitalisierung“ genutzt, ohne dass jedoch klar wird, wie diese Begriffe inhaltlich besetzt sind. Im Grundsatz beschreibt die digitale Transformation einen Veränderungsprozess, der durch den zunehmenden Einsatz von digitalen Techniken und deren Weiterentwicklung in der Gesellschaft stattfindet.[1] Wird nun von „Gesellschaft“ gesprochen, so ist erklärend anzumerken, dass die digitale Transformation alle Bereiche dieser, also sowohl private, öffentliche als auch unternehmerische Segmente betrifft. Regelmäßig wird jedoch in der Fachliteratur zum Thema die digitale Transformation als Gegenstand von prozessualen Veränderungen in unternehmerischen und organisationalen Zusammenhängen verstanden.[2]

[1] Vgl. Oswald, G. / Krcmar, H. (2018) [e-Book], S. 5-6
[2] Vgl. Kollmann, T. / Schmidt, H. (2016), S. 3- 4

Charakteristik der Digitalisierung

Wird nun als von einem Veränderungsprozess in Unternehmen durch die digitale Transformation bzw. den digitalen Wandel gesprochen, so ist zunächst zu identifizieren, welche Prozesse denn gemeint sind, die sich durch diese Digitalisierung verändern. Aus unternehmerischer bzw. organisationaler Sicht bietet es sich an, auf einer abstrakten und allgemeingültigen Ebene zunächst die typischen unternehmerischen Prozesse und Bereiche abzubilden, um sich einer inhaltlichen Definition zu nähern. So beschreiben *Appenfeller* und *Feldmann* in ihrer Publikation ein digitales Geschäftsmodell, welches auch für die vorliegende Arbeit in abgewandelter Form geeignet ist, um die digitale Transformation inhaltlich zu definieren.[3]

Abbildung 1 : Digitale Transformation Unternehmen

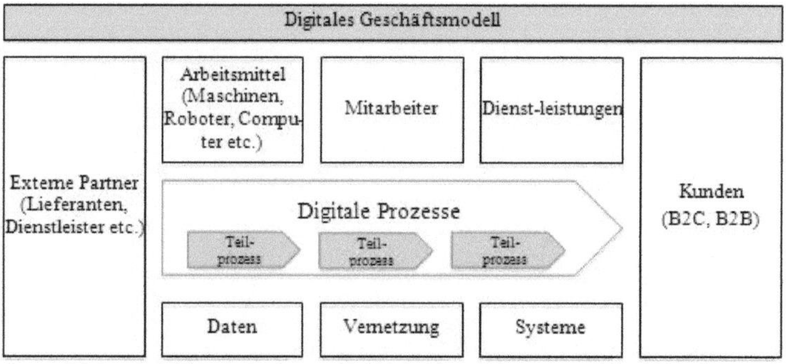

Quelle: Appelfeller, W. / Feldmann, C. (2018) [e-Book], S.4: Die digitale Transformation des Unternehmens, Wiesbaden. URL: https://www.springer.com/de/book/9783662540602 (Zugriff am 20.01.2019)

Wie aus obiger Abbildung ersichtlich, stehen im Zentrum die digitalen Prozesse mit ihren zugeordneten Teilprozessen. Diese digitalen Prozesse, zu verstehen als Geschäfts- bzw. Arbeitsprozesse, beziehen sich auf den gesamten unternehmerischen Kreislauf und all seine Schnittmengen. So wird als digitale Transformation nicht nur die digital gestützte Kommunikation zwischen den einzelnen Instanzen im unternehmerischen Kreislauf verstanden. Vielmehr bezieht sich der digitale Wandel auch auf konkrete Arbeits-

[3] Vgl. Appelfelder, W. / Feldmann, C. (2018), S. 4-5

prozesse selbst, die ehemals manuell bzw. analog bewerkstelligt wurden.[4] Zusammenfassend kann die digitale Transformation somit derart charakterisiert werden als Veränderungen aller Prozesse und zugehöriger Teilprozesse in Unternehmen, die sich durch den Einsatz digitaler Techniken ergeben.[5] Die nachfolgende Abbildung visualisiert das Gesamtkonstrukt der digitalen Transformation in einem übergeordnetem Verständnis:

Abbildung 2: Übersichtsmodell zur digitalen Transformationen

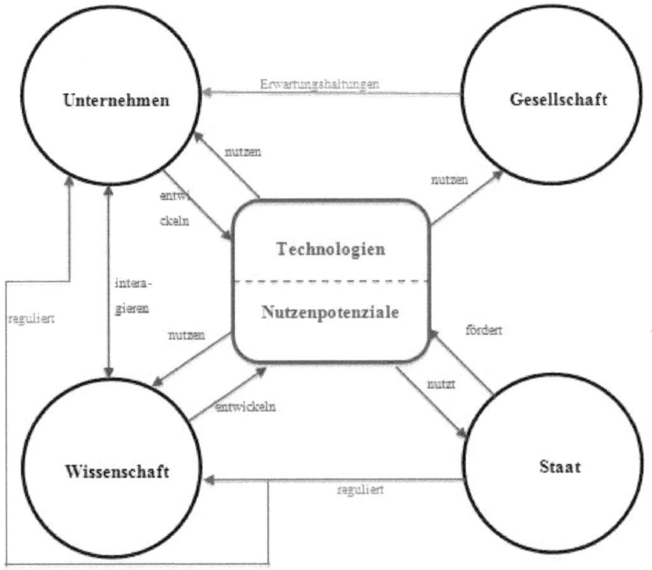

Quelle: Eigene Erstellung auf Basis von Kollmann, T. / Schmidt, H. (2016), S. 18-20: Deutschland 4.0: Wie die digitale Transformation gelingt

Die vorhergehende Abbildung zeigt, dass die digitale Transformation nicht nur eine technische Veränderung hin zur Anwendung digitaler Techniken ist, die aus den entsprechenden technischen Weiterentwicklungen entstehen. Vielmehr ist die digitale Transformation als ein Gesamtkomplex zu verstehen. Während die Wissenschaft (Forschung und Entwicklung) maßgeblich als Antreiber für die digitalen Technologien gilt, nutzen die Unternehmen am Markt diese, um neue Produkte und Dienstleistungen am

[4] Vgl. Schallmo, D. / Rusnjak, A. (2017), S. 12-13
[5] Vgl. Kollmann, T. / Schmidt, H. (2016), S. 6-7

Markt zu platzieren. Dabei findet eine enge Interaktion zwischen Wissenschaft und digitaltechnischen Unternehmen statt. Die so entstehenden Produkte und Dienstleistungen werden durch die Individuen, die Gesellschaft sowie den Staat mit seinen Instanzen gleichermaßen genutzt.[6] Gleichzeitig kommt dem Staat jedoch eine regulierende Verantwortung zu, die sich auf die Wissenschaft ebenso bezieht wie auf die Unternehmen. Die Gesellschaft selbst als Nutzer der digitalen Technologien (wobei Unternehmen als Teil dieser Gesellschaft verstanden werden müssen) entwickelt zeitgleich Erwartungshaltungen an sich stetig weiterentwickelnde Technologien.[7]

Typologie der Digitalisierung

Wie *Kofler* beschreibt, ist die Digitalisierung in Unternehmen grundsätzlich auf fünf Handlungsfelder zu unterteilen:

Abbildung 3 : Handlungsfelder der Digitalisierung

Quelle: Eigene Erstellung auf Basis Kofler, T. (2018) [e-Book],S.1 : Das digitale Unternehmen. Systematische Vorgehensweise zur zielgerichteten Digitalisierung URL: https://www.springer.com/de/book/9783662576168 (Zugriff am 26.01.2019)

Zu 1: Die Veränderung der Geschäftsmodelle meint eine grundsätzliche Änderung der Geschäftsausrichtung, also des wirtschaftlichen Wertschöpfungspotentials hin zu digital Produkten bzw. Services. Dies meint dabei nicht zwingend die Abkehr von den eigentlichen Produkten und Services hin zu komplett anderen, sondern vielmehr die digitale Unterstützung in Produktion und Servicebereitstellung.[8]

[6] Vgl. Kollmann, T. / Schmidt, H. (2016), S. 18-19
[7] Vgl. Kollmann, T. / Schmidt, H. (2016), S. 21-22
[8] Vgl. Kofler, T. (2018) [e-Book], S. 1-2

Zu 2: Produkte bzw. Services sollen nicht mehr nur physisch und analog beworben werden, sondern digitale Techniken müssen in diesem Bereich eingesetzt werden, um die Waren, Produkte oder Dienstleistungen vorzustellen. Gleichzeitig sollen digital gestützte Erlebniswelten geschaffen werden, um einen absatzfördernden Effekt zu erzeugen.[9]

Zu 3: Sämtliche internen Strukturen und Geschäftsprozesse sollen digital unterstützt bzw. digitalisiert werden (sofern möglich). Dies betrifft nicht nur die eigentlichen Produktions-, Absatz- und Vertriebsprozesse, sondern auch die flankierenden Prozesse in Verwaltung, Rechnungswesen etc. (also grundsätzlich in allen notwendigen Abteilungen eines Unternehmens).[10]

Zu 4: Die Entwicklung digitaler Produkte und Services steht in enger Verbindung zur Digitalisierung der Geschäftsmodelle in Unternehmen und meint in diesem Kontext eine konsequente Erweiterung der Angebotspalette um digitale Leistungen, die im Kontext mit dem Kerngeschäft stehen.[11]

Zu 5: Um die Digitalisierung in Unternehmen erfolgreich gestalten zu können, ist es notwendig, unternehmensweit eine „digitale Kultur" zu etablieren, auf allen Ebenen Offenheit für und Zuwendung zum digitalen Wandel zu generieren. Dabei ist es notwendig, dass die Digitalisierung als Führungsaufgabe des Managements verstanden wird, um den digitalen Wandel für die Mitarbeiterschaft vorzuleben. Auch müssen Ängste vor Veränderungen durch die Digitalisierung versucht werden abzubauen.[12]

---

[9] Vgl. Kofler, T. (2018) [e-Book], S. 1-2
[10] Vgl. Schallmo, D. / Rusnjak, A. (2017), S. 12-14
[11] Vgl. Kreutzer, R. / Neugebauer, T. / Pattloch, A. (2016)[e-Book], S. 44-46
[12] Vgl. Weber, A. (2017), S. 63 -65

3. Risikomanagement

Um nun das Risikomanagement auf die möglichen Herausforderungen in der Digitalisierung zu beziehen und geeignete Methoden zu identifizieren, wie im Zuge des digitalen Wandels die resultierenden Risiken minimiert werden können, wird einleitend eine Verständnisgrundlage geschaffen.

Inhaltlich-begriffliche Definition

Als „Risikomanagement" wird auf einer betriebswirtschaftlich zunächst abstrakten Ebene die Summe aller Aktivitäten verstanden, die welche das Ziel haben, wirtschaftlich relevante Risiken in unternehmerischen Prozessen unter gleichzeitiger Berücksichtigung der Chancen eben dieser Prozesse zu erkennen, zu analysieren, systematisch zu bewerten und in der Folge zu minimieren.[13]

Entsprechend wird als „Risiko" eine die Kombination einer betriebswirtschaftlichen Gefahr und die Wahrscheinlichkeit des Eintritts eben dieser Gefahr verstanden.[14]

Das Risikomanagement ist somit ein strategischer Ansatz und die operative Anwendung von geeigneten Methoden, um die Wahrscheinlichkeit einer betriebswirtschaftlichen Gefahr im Rahmen des Möglichen zu minimieren und somit monetäre Einbußen und weitere Einbußen für ein Unternehmen möglichst zu verhindern.[15]

Systematisierung des Risikomanagements

In den nachfolgenden Unterkapiteln wird eine systematische Vorstellung relevanter Methoden und Instrumente des Risikomanagements geliefert, welche als Basis für die Anwendung auf die Digitalisierung in Unternehmen bildet. Einleitend ist jedoch zunächst der grundlegende Prozess des Risikomanagements darzustellen:

---

[13] Vgl. Gleißner, W. (2016), S. 29-31
[14] Vgl. Gleißner, W. (2016), S. 16-17
[15] Vgl. Romeike, F. (2018), S. 8-9

Abbildung 4: Prozess des Risikomanagements

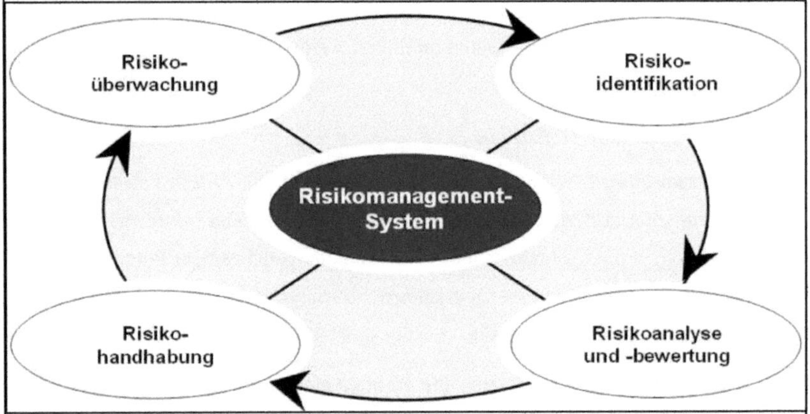

Quelle: https://www.tcw.de/beratungsleistungen/sonstiges/implementierung-von-fruehwarnsystemen-119 (Zugriff am 30.01.2019)

Wie aus obiger Abbildung ersichtlich, muss das Risikomanagement als zirkulärer, nicht endender bzw. abgeschlossener Prozess verstanden werden. Den Einstieg in diesen Kreislauf bildet dabei die Risikoidentifikation, anschließend kann eine Risikobewertung der Risiken vorgenommen werden, bevor im vorletzten Schritt Methoden und Instrumente für die jeweiligen Risiken analysiert werden. Der letzte Schritt ist die Risikoüberwachung, hierbei sollten immer die Risiken beobachtet, dokumentiert und überwacht.[16]

Dieses prozessuale Modell, von *Romeike* auch als „Regelkreis des Risikomanagements“[17] bezeichnet, bildet die Grundlage für die nachfolgend vorgenommene Systematisierung.

Grundsätzlich ist selbstverständlich einleitend festzustellen, dass eine Kenntnis über die betriebswirtschaftlichen Gefahren in Unternehmen sowie der Wahrscheinlichkeit des Eintritts dieser notwendig ist, um ein Risikomanagement erfolgreich zu etablieren. Somit müssen die Prozesse in Unternehmen, welche potentielle Risiken bergen, fortlau-

[16] Vgl. Romeike, F. (2018), S. 36-38
[17] Romeike, F. (2018), S. 36

fend überwacht werden. Wie *Gleißner* beschreibt, ist dazu eine „Risikopolitik“ und „Risikokultur“ unternehmensstrategisch zu verankern.[18]

Des Weiteren ist darauf hinzuweisen, dass die unterschiedlichen Methoden und Instrumente häufig nicht nur für einen Prozess im Risikomanagement genutzt werden können, sondern sich als Werkzeug eignen, um den gesamten Regelkreis zu bearbeiten.

Nachfolgend werden die zugehörigen Werkzeuge vorgestellt.

3.1. Kollektive Ansätze

Als kollektive Methoden werden die Instrumente des Risikomanagements verstanden, welche grundsätzlich auf der Sammlung (deshalb „Kollektion“) von Information und deren systematische Darstellung und Analyse aufbauen.

3.1.1. Checklisten

In Checklisten werden alle notwendigen Arbeitsschritte von Geschäftsprozessen festgehalten. Üblich ist hier die Pflege eines Lasten- und Pflichtenheftes. Wird in diesem Kontext von Geschäftsprozess gesprochen, so meint dies stets auf abstrakter betriebswirtschaftlicher Ebene sämtliche möglichen Arbeitsabläufe, die zur Verrichtung einer direkt oder indirekt zweckgebundenen Aufgabe im Wertschöpfungsprozess notwendig sind. Über das Führen von Checklisten, die im Vorfeld des Risikomanagements zu erstellen sind und die Gesamtheit aller zugehörigen Arbeitsschritte enthalten muss, kann das Risiko minimiert werden, dass es zu Unterbrechungen in den Geschäftsprozessen kommt. Diese treten regelmäßig dann auf, wenn abhängige Teilprozesse und Prozessschritte nicht abgearbeitet werden können.[19]

3.1.2. Befragungen / Interviews

Ein weiteres probates Mittel, um zunächst Informationen zu möglichen Gefahren zu sammeln und diese dann systematisch auszuwerten, stellen strukturierte und standardisierte Befragungen und Interviews dar. Im Falle von Interviews werden regelmäßig nur

[18] Vgl. Gleißner, W. (2016), S. 87
[19] Vgl. Romeike, F. (2018), S. 61-63

eine begrenzte Anzahl an Mitarbeitern mit entsprechender Expertise zu den Geschäftsprozessen um entsprechende Informationen gebeten, während Befragungen alle an den Prozessen beteiligten Personen adressiert werden. Diese kollektive Maßnahme soll ein möglichst umfassendes Bild zu den Risiken liefern, Gefahren aufdecken und diese bewertbar machen.[20]

3.1.3. SWOT-Analyse

Die sogenannte SWOT-Analyse sieht vor, dass die Stärken und Schwächen sowie die Risiken und Chancen von betriebswirtschaftlichen Prozessen in einer Matrix abgebildet werden, um diese so gegeneinander abzuwägen und in einer Analyse auszuwerten. Die SWOT-Analyse erlaubt eine Beurteilung, wie die Stärken genutzt werden können, um Risiken durch eine Kooperation zu minimieren und die Chancen durch eine solche strategische Zusammenarbeit optimal zu nutzen. Überdies eröffnet diese Analyse die Möglichkeit, existierende Schwächen zu identifizieren und in Bezug auf einen strategische Neuausrichtung auszugleichen[21]. Um dies zu erreichen, werden aus der Matrix Beziehungen bzw. mögliche Kombinationen gebildet:

- **SO-Kombination**
  Stärken (Strengths) und Chancen (Opportunities) werden kombiniert, um zu eruieren, welche Stärken genutzt werden können, um Chancen wahrzunehmen bzw. zu generieren.
- **ST-Kombination**
  Stärken (Strengths) und Gefahren (Threats) werden gegenübergestellt. Dies erfolgt mit dem Ziel, mögliche Bedrohungen durch die unternehmerischen Stärken abzufedern.
- **WO-Kombination**
  Schwächen (Weaknesses) werden mit Chancen (Opportunities) kombiniert. Durch diese Kombination soll analysiert werden, wie aus bestehenden Schwächen im Unternehmen neue Chancen generiert werden können.
- **WT-Kombination**

---

[20] Vgl. Romeike, F. (2018), S. 67-68
[21] Vgl. Kerth, K./Asum, H. (2011), S. 155-157

Schwächen (Weaknesses) werden im Kontext der Gefahren (Threats) analysiert. Das Ziel ist hier die effektive Identifikation von möglichen Schäden, die durch eine strategische Neuausrichtung entstehen können.

3.1.4. Risiko-Identifikations-Matrix (RIM)

Ein weiteres Mittel, um Gefahren zu identifizieren, die Eintrittswahrscheinlichkeit zu ermitteln und so die Risiken zu konkretisieren, ist der Ansatz der sogenannten „Risiko-Identifikations-Matrix“ (RIM). Über eine Matrix (abgebildet auf einem zweidimensionalen Koordinatensystem) werden die Faktoren Eintrittswahrscheinlichkeit und Höhe des aus einer Gefahr resultierenden Schadens abgebildet. Die Eintrittswahrscheinlichkeit des Risikos wird in einer Risk-Map mit den Schadensauswirkungen des Risikos in Beziehung zueinander gesetzt. Ein Risiko welches als eine geringe Eintrittswahrscheinlichkeit notiert wurde, jedoch aber ein sehr hohes Schadenpotenizal besitzt, kann eine extreme Gefahr für die Unternehmen darstellen.[22]

Abbildung 5 : Risk Map

Quelle: https://www.dgwz.de/neues-seminar-technischer-risikomanager-din-vde-v-0827 (Zugriff am 04.01.2019)

[22] Vgl. Romeike, F. (2018), S. 69-70

3.2. Mathematisch- analytische Ansätze

Neben den kollektiven, also auf der systematischen und standardisierten Sammlung von risikorelevanten Werten basierenden Methoden, eignen sich auch eine Reihe mathematisch-analytischer Ansätze. Diese werden nachfolgend aufgrund der großen Anzahl von möglichen Instrumenten zusammenfassend beschrieben. Grundsätzlich wird bei den mathematisch-analytischen Ansätzen eine Übertragung der konkreten Geschäftsprozesse in der Wertschöpfungskette von Unternehmen auf eine abstrakte, kalkulierbare Ebene vorgenommen. Eine Berechnung erfolgt – ähnlich wie in der RIM-Methode – über einen stochastischen Ansatz. Somit wird die Eintrittswahrscheinlichkeit einer Gefahr in eine Verhältnis zu den zu erwartenden Schäden gesetzt. Im Ergebnis steht eine mathematisch berechenbare Risiko-Parametrisierung, welche in der Entscheidungsfindung zur Vermeidung von Risiken angewendet werden kann.[23]

Mögliche Ansätze sind unter anderem die „Markov-Kette“ (welche stark auf ermittelte und dokumentierte Erfahrungswerte setzt), die „Bow-Tie-Analyse“ (welche die Ursachen und Folgen von Ereignissen im Geschäftsprozess in einem Diagramm abbildet) oder auch ursachenbasierte Ansätze wie die „Fehler-Ursachen-Analyse“, die „Fehlerbaumanalyse“ sowie die „Business Impact Analysis (BIA)“.[24]

3.3. Kreative Ansätze

Neben den rein kollektiven und mathematisch-analytischen Ansätzen, welche wie dargestellt eng miteinander verbunden sind, eignen sich in einigen Fällen auch kreative Ansätze, um mögliche Risiken in wertschöpfenden und unterstützenden Geschäftsprozessen zu erkennen, zu bewerten und entsprechende Handlungen abzuleiten.

3.3.1. Brainstorming / Brainwriting

Der Ansatz des Brainstormings bzw. Brainwritings (bei Niederschrift durch einzelne Personen, während erstgenanntes Prinzip auf Gruppenarbeit setzt), werden frei assoziiert und auf der Basis von Erfahrungswerten der Mitarbeiter die möglichen Risiken benannt, um diese einer Analyse und somit einer Vermeidungsstrategie zuzuführen.

[23] Vgl. Gleißner, W. (2016), S. 121-123
[24] Vgl. Romeike, F. (2018), S. 74-76

3.3.2. Delphi Methode

Die sog. Delphi-Methode (der Name lehnt sich an das „Orakel von Delphi“ an), hat das Ziel, in einem mehrstufigen Prozess den Eintritt von Gefahren und resultierenden Schäden zu schätzen. Hierbei wird das Wissen mehrerer Experten zusammengeführt, dies erfolgt durch schriftliche Befragungen.[25] Diese Methode wird anonym durchgeführt und das Feedback wird ebenso anonym weitergeleitet. Die Delphi Methode ermöglicht eine gute Abschätzung der Risiken

3.3.3. Mind Mapping

Als „Mind-Map“ bzw. „Gedankenlandkarte“ wird ein Ansatz bezeichnet, bei dem in kreativer Gruppenarbeit beschriftete Baumdiagramme angefertigt werden. Im Zentrum steht dabei das Ziel eines Geschäftsprozesses, während davon ausgehend verästelt die dafür notwendigen Teilziele und Prozesse abgebildet sind. Durch die stets weitere Anfügung von auch für die Teilziele und Prozesse notwendigen Arbeitsschritte, Bedingungen, jedoch auch Risiken und Chancen entsteht so eine komplexe Baumstruktur, aus welcher sich eine Risikobewertung ablesen lässt.

3.3.4. Weitere

Wie *Romeike* beschreibt, besteht eine große Anzahl weiterer kreativer Ansätze, um das Risikomanagement zumindest zu stützen. Die Eignung der unterschiedlichen Ansätze ist jedoch stark von den eigentlichen Aufgabenstellungen abhängig und somit nur eingeschränkt gegeben, weshalb in der vorliegenden Projektarbeit die drei geeignetsten Methoden vorgestellt wurden.

Nachdem die Risiken bewertet wurden, folgt die Risikosteuerung. Mithilfe dieser Strategie wird entschieden ob das Risiko akzeptabel ist oder ob sie gesteuert bzw. weiter bearbeitet werden muss. Bei der sog. Risikovermeidung wird das Risiko vollständig entfernt. Bei der Risikoverminderung jedoch, werden die Risiken auf ein tragbares Niveau reduziert, d.h. die Gefahr wird reduziert. Eine weitere Strategie ist die Risikoakzeptanz. Hierbei werden die Risiken mit geringem Schadensausmaß und geringer Eintrittswahrscheinlichkeit akzeptiert.

[25] Vgl. Smart News Fachverlag GmbH [Online] (o.J.)

Ein wichtiger Bestandteil des Risikomanagments ist die Risikoüberwachung. Hier muss das Risiko immer überwacht werden zudem muss überprüft werden ob neue Risiken entstanden sind. Die zur Erkenntnis genommenen Risiken werden dokumentiert und regelmäßig aktualisiert und überwacht.

4. Methodenanalyse und Instrumente für Digitalisierungsprojekte

4.1. Mögliche Risiken in der Digitalisierung

Zunächst ist es notwendig, die möglichen Risiken bei Digitalisierungsprojekten aufzuzeigen um dann die richtigen Methoden und Instrumente hierfür einzusetzen, um die Risiken zu identifizieren und minimieren zu können.

4.1.1. Technische Risiken

Technische Risiken ergeben sich grundsätzlich aus der Gefahr, dass die Planung, Organisation und Umsetzung von digitalen Projekten unzureichend ist und die geforderten Prozesse nicht optimal erfasst. Sowohl auf Soft- als auch Hardware-Seite führen falsche Entscheidungen dazu, dass die digitale Bearbeitung der notwendigen Geschäftsprozesse stockt bzw. sogar unterbrochen wird. Hinzu kommen Problematiken in Bezug auf die technische Kompatibilität, technische Zukunftssicherheit und den Datenschutz, die resultieren können, wenn die Planung der digitalen Werkzeuge, deren Einführung und Nutzung nicht optimal gestaltet wird.[26]

4.1.2. Zeitliche Risiken

Digitalisierungsprojekte stellen grundsätzlich eine elementare Änderung von Geschäfts- und Steuerungsprozessen in Unternehmen dar. Somit ist zu berücksichtigen, dass die ursprünglichen Prozesse und neue Prozesse synchronisiert werden müssen, so dass ein sukzessiver Übergang in die neuen digitalen Strukturen möglich ist. Erfolgt dies nicht, so sind Verzögerungen die Folge, die additiv zu den ohnehin geplanten Zeitaufwendun-

[26] Vgl. Atiker, Ö. (2017), S. 65-67

gen negativ resultieren.[27]

4.1.3. Personelle Risiken

Werden bestimmte Teilbereiche und die zugehörigen Steuer- und Geschäftsprozesse in Unternehmen digitalisiert, so ist damit zu rechnen, dass einerseits Schulungen der Mitarbeiter für die neue Technik durchgeführt werden müssen und andererseits trotz dieser Maßnahmen Schwierigkeiten in der Beherrschung der Technik sowie Verweigerung gegenüber der neuen Technologien die Folge sein können. Letzteres kann durch das Etablieren einer pro-aktiven Unternehmenskultur gemildert werden.[28]

4.1.4. Prozessuale Risiken

Von signifikanter Bedeutung sind die prozessualen Risiken. Diese resultieren, wenn die notwendige Technik nicht zielgerichtet und exakt an den Steuer- und Geschäftsprozessen ausgerichtet sind und / oder personelle Problematiken die benannten Prozesse behindern.[29]

4.1.5. Resultierende Wirtschaftliche Effekte

Sowohl die technischen, zeitlichen, personellen als auch prozessualen Risiken resultieren gezwungenermaßen in wirtschaftlichen Einbußen. Somit ist ein strukturiertes, vorbereitendes ebenso wie begleitendes Risikomanagement zwingend erforderlich, um die Gefahren von Digitalisierungsprojekten realistisch einschätzen zu können und mögliche Schäden, die aus diesen entstehen können, zu minimieren.[30]

[27] Vgl. Bosch, U. / Hentschel, S. (2018), S. 32
[28] Vgl. Bosch, U. / Hentschel, S. (2018), S. 186
[29] Vgl. Radermacher, I. (2018), S. 70-72
[30] Vgl. Atiker, Ö. (2017), S. 21-23

4.2. Geeignete Methoden und Instrumente des Risikomanagements

Um nun die Eignung ausgewählter Methoden und Instrumente des Risikomanagements bewerten zu können, ist es notwendig, zunächst aus unternehmerischer Sicht die möglichen Gefahren zu systematisieren. Dazu bietet sich die Kategorisierung nach technischen, zeitlichen, personellen und prozessualen Gefahren an, aus welchen die möglichen Schäden abzuleiten sind.

Sogenannte „weiche Faktoren" in der Gefahrenlage, wie etwa eine Verweigerung der Mitarbeiter gegenüber einer neuen, digitalen Technik oder die anfangs mangelnde Beherrschung dieser muss im Risikomanagement nicht zwingend durch mathematisch-analytische oder kollektive Methoden behandelt werden. Vielmehr bieten sich hier die kreativen Methoden an, welche genutzt werden können, um alle betroffenen Mitarbeiter zu motivieren, ihre Befürchtungen und Probleme (beispielsweise in einer Mind Map) zu erfassen und zu analysieren. Auf dieser Basis sind die Gefahren zu minimieren.

Technische Gefahren lassen sich durch mathematisch-analytische Verfahren genau erkennen und ein resultierender Schaden ist prognostizierbar, während prozessuale Gefahren sich insbesondere durch kollektive Werkzeuge identifizieren und minimieren lassen. Die zeitlichen Herausforderungen resultieren grundsätzlich als Ergebnis der technischen, prozessualen und personellen Gefahren und somit müssen hier im Risikomanagement Werkzeuge eingesetzt werden, die eine möglichst umfassende Analytik zulassen. Empfohlen werden kann hier beispielsweise die SWOT-Analyse oder die RIM-Methode.

Nachfolgende Tabelle gibt eine abschließende Übersicht zu geeigneten Methoden des Risikomanagements auf der Basis der eruierten Erkenntnisse für die Gefahren- und Schadenminimierung bei Digitalisierungsprojekten.

Gefahren / Risiken	**Geeignete Methoden des Risikomanagements**	**Begründung**
Technische Gefahren	Mathematisch-analytische Ansätze	Die technischen Prozesse besitzen Gefahren, die im Regelfall quantifizierbar sind. Ebenso lässt sich ein resultierender, wirtschaftlicher Schaden zumindest annäherungsweise benennen. Somit sind mathematisch-analytische Ansätze ein geeignetes Instrument des Risikomanagements.
Prozessuale Gefahren	Mathematisch-analytische Ansätze *und* kollektive Ansätze	Ein Prozess ist von Natur aus systematisierbar und somit in Bezug auf seine Parameter (Kosten, Zeit etc.) kategorisierbar. Gleichzeitig ist jedoch eine breite Informationsbasis notwendig. Somit sind in diesem Fall mathematisch-analytische und kollektive Ansätze in Kombination zu nutzen. Empfehlenswert sind hier insbesondere die SWOT-Analyse und die RIM-Methode.
Zeitliche Gefahren	Mathematisch-analytische Ansätze *und* kollektive Ansätze	Zeitliche Gefahren resultieren aus technischen, prozessualen und personel-

		len Gefahren. Somit sind auch hier die SWOT-Analyse und die RIM-Methode zu empfehlen.
Personelle Gefahren	Kreative Ansätze	Personelle Problematiken in Digitalisierungsprojekten resultieren einerseits aus Schwierigkeiten der Mitarbeiter, die neuen Techniken anzuwenden oder aus einer Verweigerung gegenüber der digitalen Neuerungen. Durch kreative Ansätze können die Befürchtungen, Sorgen und Schwierigkeiten erfasst und so im Risikomanagement eine Schadensminimierung vorgenommen werden. Geeignet sind unter anderem die Mind-Map als auch das Brainstorming (letzteres insbesondere bei Technikverweigerung der Mitarbeiter).
Resultierende wirtschaftliche Gefahren	Kollektive Ansätze	Um in der Summe die resultierenden wirtschaftlichen Gefahren zu erkennen und die finanziellen Schäden einzugrenzen, ist eine Gesamtbetrachtung des

		Digitalisierungsprojekts notwendig. Dies kann nur durch einen kollektiven Ansatz erfolgen. Empfohlen wird hier die RIM-Methode.

Tabelle 1: Übersicht geeigneter Methoden des Risikomanagements für Digitalisierungsprojekte

5. Schluss

5.1. Zusammenfassung

Wichtig innerhalb eines Unternehmens ist es , die einzelnen Risiken von Digitalisierunsprojekten zu beachten und sie mithilfe von Risikomanagement zu minimieren. Deswegen ist das Risikomanagement von großer Bedeutung, um einen Unternehmenserfolg gewährleisten zu können. Mit der sog. Risikoidentifikation, der ersten Phase des Risikomanagements kann dies zunächst erlangt werden. Das Unternehmen, welches sich der Digitalisierung anpasst und mit Digitalisietrungsprojekten arbeitet kann mit verschieden Methoden und Instrumenten auf das Risikomanagement- Prozess zurückgreifen, sodass keinerlei Risiken vergessen oder sogar übersehen werden können. Wichtig ist es jedoch, vor einer Identifikation der Risiken, mit den Mitarbeiten zu reden und deren Meinungen sowie deren Lösungsvorschläge zu berücksichtigen und in das Prozess miteinfließen zu lassen.

Nachdem die möglichen Risiken von Digitalisierungsprojekten identifiziert werden, müssen sie bewertet werden, dies kann beispielsweise mithilfe der Risk-Map erfolgen. Dies ermöglicht dem Unternehmen die Eintrittswahrscheinlichkeit der Risiken bestimmen zu können und wie das Schadenausmaß reduzieren werden kann. Auch wenn manche Risiken als weniger kritisch bewertet werden, sollten sie auf jeden Fall weiterhin beobachtet werden.

Sind jedoch die Risiken zu hoch, sollte das Unternehmen das entsprechende Risiko vermeiden, sprich das Risiko so schnell wie möglich bewältigen, denn solche Risiken können zu Verlusten, Unternehmenskrisen und bis zur Insolvenz führen. Es lässt sich aber auch mit der Risikoverminderung Maßnahmen treffen, um die Eintrittswahrscheinlichkeit des Risikos zu minimieren. Auch lassen sich aber "harmlose" Risiken akzeptieren- auch Risikoakzeptanz genannt. Hierfür werden keine Maßnahmen vorgenommen, um die Eintrittswahrscheinlichkeit zu minimieren. Die Risikoakzeptanz- Strategie wird für kleine Risiken angewendet, die für das Unternehmen akzeptabel sind. Jedes Unternehmen sollte die Risiken die durch Digitalisierungsprojekte entstehen können täglich kontrollieren, dokumentieren und überwachen. In der vorliegenden Projektarbeit wurden mögliche Risiken/Gefahren bei Digitalisierungsprojekten festgestellt und die geeigneten Methoden des Risikomanagements hierfür empfohlen. Abschließend kann gesagt werden, dass der Erfolg eines Unternehmens von der ausgewählten Methode und Instrumentes abhängt.

IV. Literaturverzeichnis

Appelfeller, Wieland / Feldmann, Carsten (2018): Die digitale Transformation des Unternehmens. Systematischer Leitfaden mit zehn Elementen zur Strukturierung und Reifegradmessung, Wiesbaden.

Atiker, Ömer (2017): In einem Jahr digital. Das Praxishandbuch für die digitale Transformation Ihres Unternehmens, Weinheim / Basel.

Bosch, Ulf / Hentschel, Stefan / Kramer, Steffen (2018): Digital Offroad. Erfolgsstrategien für die digitale Transformation, Freiburg.

Gleißner, Werner (2016): Grundlagen des Risikomanagements. Mit fundierten Informationen zu besseren Entscheidungen, 3. Auflage, München.

Kerth, Klaus / Asum, Heiko / Stich, Volker (2011): Die besten Strategietools in der Praxis, 5. Auflage, München.

Kofler, Thomas (2018) [e-Book]: Das digitale Unternehmen. Systematische Vorgehensweise zur zielgerichteten Digitalisierung, Berlin. DIO: 10.1007/978-3-662-57617-5

Kollmann, Tobias / Schmidt, Holger (2016): Deutschland 4.0. Wie die digitale Transformation gelingt, Berlin / Heidelberg.

Kreutzer, Ralf / Neugebauer, Tim / Pattloch, Annette (2016): Digital Business Leadership. Digitale Transformation – Geschäftsmodell-Innovation – agile Organisation – Change Management, Wiesbaden. DOI: 10.1007/978-3-658-11914-0

Oswald, Gerhard / Krcmar, Helmut (Hrsg.) (2018) [e-Book] : Digitale Transformation. Fallbeispiele und Branchenanalysen, Wiesbaden. DOI: 10.1007/978-3-658-22624-4

Radermacher, Ingo (2018): Digitalisierung selbst denken. Eine Anleitung, mit der die Transformation gelingt. 2. Auflage, Frankfurt.

Romeike, Frank (2018): Risikomanagement, Wiesbaden.

Schallmo, Daniel / Rusnjak, Andreas (2017): Digitale Transformation von Geschäftsmodellen. Roadmap zur digitalen Transformation von Geschäftsmodellen, Wiesbaden.

Smart News Fachverlag GmbH [Online] (o.J.) : Delphi-Methode. URL: https://www.marktforschung.de/wiki-lexikon/marktforschung/Delphi-Methode/ (Zugriff am 02.01.2019)

Weber, Andreas (Hrsg.) (2017): Digitalisierung. Machen! Machen! Machen! Wie Sie die Wertschöpfung steigern und ihr Unternehmen retten. Weckruf für eine veränderte Unternehmenskultur, Wiesbaden.